Hääruno osa 1

Jos olen, oletko sinäkin.

Se pari josta laulut kirjoitetaan.

Olemmeko se satupari, jotka toisensa saa alla sypressipuun.

Ja toisiaan aina rakastaa,

elämän auringon laskuun asti.

Jos minä olen morsian, ja sinä olet sulhanen

Riitämmekö me toisillemme?

Hylkäätkö karikot

ja kartatko maailman houkutukset.

Ne jotka meidät erottaisi.

Jos sinä olet sulhanen ja minä morsian,

riittääkö se?

Hääkakun marsipaaniruusut.

Säilömmekö ne, pahan päivän varalle.

Muistoksi tästä päivästä.

Että löytäisin sinut ja sinä minut.

Kun karikot koittaa meidät erottaa.

Hääruno osa 2

Niin helppoa olisi luovuttaa.
Ja antaa ne marsipaaniruusut
Nuorille ja sinisilmäisille

Heille jotka uskoo rakkauteen
ja makeaan marsipaani kuoreen.
Heille jotka luulee
että rakkaus yksin riittää.
Mutta sitten on se pirullinen ja viekas sana; Tahto

Jota vaaditaan kun sinä minut vähiten ansaitset,

tai kun minä sinä sinut vähiten ansaitsen.

Tahdotko tahtoa.
Se kysy kun morsian eteesi astuu sinisilmin,
uskoen että rakkaus yksin riittää.
Koska tulee se päivä, kun kompastut kiveen,
Ja toisella sydän tiskivuoren takana.
Hänen luokseen silloin vie vain tie - nimeltään tahto.
Yhteinen tahto!

Vesisade huuhtoo ikkunoita

Radiossa hiljaa taustalla soi Vartiaisen laulu;

Missä muruseni on.

Niin.. missä muruseni on. Mietin.

Juoko hänkin nyt iltapäiväteetä.

Samalla katsoen ikkunan läpi, miettien missä murunen on.

Hämmennän lusikalla hunajan, teeni joukkoon.

Haukkaisen palan paahtoleipää, nautin
appelsiinimarmeladin makeudesta suussani.

Miltei unohdan hämärän huoneeni.

Olen auringossa. Kanssasi !

Siellä missä appelsiinipuut ovat ja turkoosi meri välkehtii.

Kylmän sangria kannun kera. Paahtavan auringon alla.

Siellä totta vieköön, vielä tämän teehetkeni vietän!

Mutta nyt otan toisen haukun.. makeaa
marmeladi leipääni.

Ja huokaan.. katson ulos sateeseen.

Tänään tämän lähemmäksi en sinua pääse, saati
aurinkoa.

Nautin siis tänään.. näistä auringon kypsyttämistä
hedelmistä, mitkä marmeladissa on.

Sekoitan jälleen isoa teemukiani lusikalla.

Ei näissä sade päivissä mitään vikaa ole..

mietin. Ja palaan työpöytäni ääreen.

Koska aina voin unelmoida sinusta. Siitä
miten aurinko hivelee käsivarsiasi
 ja merivesi-pisarat ihollasi välkehtivät kuin timantit.

Puhelin pirahtaa.

Käteni hakee puhelinta taskusta.

Vatsassa perhoset liikahtaa.

Tänäänkö on se ihana ilta, kun

saavut ja saan painaa pääni

lämpimään syliisi.

Voi tätä toivon kipinää.

Tänäänkö on se ihana ilta.

Kuutamo uinnille sinut vien.

Mansikkakuohuviinin jäähdytän. Pienen

sopivasti paljastavan, helletopin huitaisen

ylleni.

Tänään on se ihana ilta.

Se ihana kesä ilta.

Kun saavut!

Saan pääni painaa syliisi.

Kuutamo uinnille sinut vien.

Vihdoin sormeni taskusta puhelimen kaivaa.

Ei, se ei ollut sinä!

Koska tulee se ihana ilta   - kysyn.

Ja painan puhelimen takaisin taskuun.

Voi sinä kesä ilta.

Yksin sinut taas kohtaan.

Kesä

Soraa varpaissa

Sadetta hiuksissa

Rentukat ojan pohjalla.

Ei haittaa sade

Saan vain olla, ja

tuntea voiman

Elämän voiman!

Voikukatkin puskee asfaltin läpi.

Kesäsade huuhtoo kasvot

Kumisaappaat hiertää varpaita

Voikukista teen seppeleen,

ja nautin tästä kesästä.

Elämän voimasta

Pian hypin lätäkköön,

voikukkaseppele silmillä ja

tunnen miten kesä valtaa

kaikki aisti.

Elän !

Jokaisen kaiketi täytyisi,

kokea tämä tunne. Olet

erotettuna toisesta, kuin

vanha Berliini.

Harmaa betoni muuri halkoo väliinne.

Kun koet tämän saman ikävän,

tiedät mitä on kun saat hänet vihdoin

syyliisi. Siinä hetkessä, olet riisuttu

kaikesta muusta. Olet vain ja nautit

toisen ihosta ja sen tuoksusta. Silloin

sinulla on kaikki, mitään ei puutu.

Hän on siinä, hän on vihdoinkin siinä.

Ja pian sinun on päästettävä irti.. etkä tiedä koska

hänet saat taas syliisi.. silloin tiedät ettei tätä

tunnetta, ole sukusi naiset kokeneet kuin sodassa.

Hän tuli rintamalta ja hän lähti taas. Sinulla

on vain hellät muistosi, ja ikäväsi mikä

peittää sinut kuin harmaa virttynyt viltti.

Voitto

Se sinulle tuli kuin minut sait.

Ei minulla ole muuta antaa, kuin

sorja runkoni.

Paljon sait silti kun minut sait.

Sait naisen ja sen hikisen

vartalon

Joka pyykkiä pesee, astioita tiskaa

Kuukautishormoneista joskus kärsii

Naisen täynnä sielua ja hikeä Sen

sait.

Naisen mikä myös mököttää

Jos syliin et muista sulkea.

Mutta sait naisen

60kg kokonaisen

Jonka sydän sinulle sykkii

Tosia huolia ei

Sait naisen eläväisen

Joka kaiken sinulle antaa..

Sylin ja sydämen kokonaisen.

Voitto

Se sinulle tuli kun minut sait

Paljon sait kun minut sait,

Sait minut kokonaan.

Haaveeni ja vaaleanpunaiset unelmani nekin sait.

Rakkaus niin vahva ja voimakas.

Ihminen niin pieni ja alaston,

sekä kaikista aseista riisuttu.

Rakkauden edessä.

Mutta samalla niin sielua voimistavaa

sopertaa sanat ;

Rakas, tarvitsen sinua.

Rakkaus voimistaa,

ehkäpä juuri siksi että uskallamme

olla sielu auki.

Näyttäen kaiken sielustamme.

Ja silti hän ei jätä meitä siihen,

keinuvalle laudalle.

Vaan nousee samaan kiikkuun

Tasapainottaen.

*Kuinka paljon
mahtuu ikävää
naiseen hentoon.
Tuntuu että tällä
kaipauksen määrällä,
peittoaisin maapallon
ikuiseen yö- uneen.
Ja hukuttaisin
valtameri laivat.
Tällä kaipauksen
määrällä.*

*Niin paljon mahtuu
kaipausta naiseen
hentoon.
Olisipa kaipaus viiniä,
aivan ympäripäissäni
sinua silloin odottaisin.
Tällä kaipauksen
määrällä !*

Kevät

Ihosi

Tuoksusi

Äänesi

Muistoni sinusta, niin eläväinen.

Ääneesi hukun

Tuoksuusi humallun

Ihoosi painaudun

Ja sitten vielä tämä
mokoma - Kevät
Pelini on menetetty
Antaudun !!

Rakkaus

Oi miksi, se on niin suolaisen makeaa.

Rakkaus

Oi miksi, se on niin voimakas polte.

Kun tiedät, että se rikkoo

kaikki yhteiskunnan rajat

ja kirkon asettamat tavat.

Oi Rakkaus

Miksi annoit maistaa tätä intohimon juomaa.

Mitä nyt teen ?

Kun hän ei palaakaan.

Miten voisin enää tyytyä,

pehmeisiin löylyihin.

Kun olen saanut tanssia

tulen suuressa kuumassa liekissä.

antaen kaareni palaa

Hänen tulisissa käsissä.

Oi Rakkaus

Miksi annoit maistaa

Tätä intohimon juomaa.

Mitä nyt teen ?

Kun hän ei palaakaan.

Henkinen kasvu,

Mitä enemmän kasvat rakas

Sen yksinäisemmäksi tulet

Ystävät rakkaat, rahasta sinut

vaihtavat pois.

Rakas ihminen

Kasva silti

Vaikka sitä yksinäisemmäksi käy tie.

Koska jossain on vielä paikka, missä on

riisutut egot ja puhtaat mielet.

Paikassa autuus.

Niin helppoa olisi mennä egon

suuressa valtameressä.

Karikot kiertäen.

Karikot kuitenkin paikka, missä

sielusi kasvaa saa.

Älä rakas sinä siis, niitä kierrä.

Vaan kohtaa kaikki karikot ja pian

huomaat ettei niitä olekaan. On

vain musta meri, missä egot

toisiaan tönii. Sinä löysit valon ja

tukevan saaren, missä majakka

antaa valon sieluusi.

Sinä

Minä

Voinko olla minä

Voitko olla sinä

Ilman

Että olemme Me !

Minä

Sinä

Kaksi niin vahvaa runkoa, jo

yksinään.

Kaksi niin vahvaa

Oman tien kulkijaa.

Minä olen minä

Sinä olet sinä

Ja sitten vielä

Sana - ME

Mahtuuko se ?

Vai annetaanko asian olla ?

Minä

Sinä

Polut nyt erillään

Mutta ehkä jo huomenna

Tuolla mäen päällä

Tuolla puun juurella

On risteyskohta

Ja polkumme on taas yhtä.

Keiju pölyä

Auringon kimallusta

Naurun voimaa

Tekstiini laitan, mutta kas

vetelehtinen

Suon mörkö ja peikko mörrinkäinen.

Ä - ja Ö kirjaimet vaihtaa

Saatko siis selvää ?

Hukutko suohon kirjainten.

Löydätkö keijun kepeän tanssin

Auringon valon,

jota koitan sinulle tarjota.

Ja sinut sinne opastaa,

naurun vahvaa siltaa pitkin.

Jos muuten et meinaa,

perille päästä.

Naisen elämää

Näytä aina hyvältä

Jumppaa vatsa solakaksi

Syö salaatin lehdet Jätä herkut

kaupan hyllyyn,

ettei hylly pylly.

Kas mieli silti,

herkkunsa tahtoo.

Sydänkin halaajaa ;

Oi armas sacherkakun siivu,

tulehan suuhun.

Haitanneeko tuo

Jos pylly hyllyy

Pääasia on aurinkoinen mieli.

Muuttolinnun tavoin

levitä siipesi.

Lähde uuteen. Sisäisen
aurinkosi anna paistaa.
Niin kuin kevät aurinko paistaa,
ikkunan läpi paljastaen talven
tomut.
Älä siis pölyhiukkasista välitä.

Nauti auringosta Ja sen
tuomasta voimasta, olla
välittämättä vanhasta tomusta.
Nyt on aikasi levittää siipesi
Ja lähteä kohti uutta.

Kevät

Lintujen kujerrus puissa.

Sekä lupaus taas auringosta,

niin luonnossa kuin mielessä.

Kevät

Valoa vihdoin pimeyden jälkeen.

Kevät ja Kesä käsikädessä.

Nyt aika pölyttää

mielen ullakoilta pois,

tukahdetut tunteet, säilötyt ikävät.

Samalla kaivan hellemekot

Ja korkokengät esille.

Täältä tulen...

Kevät ja Kesä

Sinä voimistava vuodenalka.

Lupaathan ettet pitkään aikaan,

päästä syksyä

ja ikävää lähelleni.

Oi kevät

Lupaus taas uudesta.

Osa 1 Romeo ja Julia

Kaksi maailmaa

Joiden ei koskaan pitänyt kohdata.

Mutta niin me kohtasimme.

Aseinamme avoimet mielet

ja kepeät sydämet.

Ja Julia ja Romeon tavoin hullaannuimme

Rakkauden syvään voimaan.

Unohtaen ettei näitä kahta maailmaa,

voisi koskaan sovittaa yhteen.

Mutta mitä Julia on ilman Romeota.

Tai Romeo ilman Juliaa ??

Kaksi maailmaa

Jotka toisistaan täytyisi erillään pitää.

Kaksi maailmaa

Julia ja Romeokin omisti vain hullun rakkauden.

Sydämessään tietäen ettei nämä;

Kaksi maailmaa, voisi koskaan olla yhtä.

Ja näin hekin tiesivät etteivät voisi kohdata.

Osa 2 Romeo ja Julia

Kaksi maailmaa.

Nämä Kaksi maailmaa

Jotka meidät erillään pitää.

Maailmamme sai meidät takaisin.

Tiedän että ulkoiset kuoret

meistä siellä vain.

Koska meistä kumpainenkin erillään,

etsi sitä maailmaa,

jossa voisimme olla yhtä.

Toisistaan nyt erillään etsien huonetta,

mihin voisi astua yhdessä.

Tietäen sen olevan mahdotonta.

Kirotut olkoon avoimet mielet ja

kepeät sydämet.

Mitkä meidätkin tähän ansaan sai.

Suolapatsas

Vailla liikkeitä Vailla
ilmeitä
Vailla tunteita
Ja etenkin ilman
Tätä ikävää Se,
juuri se..
haluaisin olla;
Suolapatsas

Mutta eikö vesi
liota suolan
Ja aurinko
haihduta veden
Kysyt !

Eih...en haluakaan !
Olla suolapatsas.
Tunnen siis ikävän,
mutta siinä on myös
aina Rakkaus.
Ja rakkaudessa aina elämä.

Mielummin siis tunnen Ja
Elän !!
Kun olisin se Suolapatsas.

Aukea ovi

Aukea sydän

Etkö kuule

Kuinka sinua huudan

Täällä olen,

Enkä muuta voi.

Sydän täynnä odotusta,

Ruostesuojapullo taskussa.

Päivin ja öin

Valmiina huoltamaan

Sitä kirottua ovea

Mistä et kulje, ja siksi

Ruoste meinaa sen pilata.

Tule siis nyt

Kun ovi on vielä auki.

Ja suoraan pääsisit

Kulkemaan sydämeeni.

Ja loppuisi tämä

Epätietoinen odotus.

Runon Osa1

Ihminen pieni luontokappale

Kuka on jykevä kuin mäntypuu,

ei runko taivu, kun on paksu suojaava kaarna.

Kuka on kuin viekoitteleva appelsiinipuu,
hedelmillään luokseen houkutellen.

Kuka taas kuin lapin vaivaiskoivu,
omalla hennolla kaarellaan,
vahvistuen tuulien mukana.
Älä siis mänty, moiti koivua siitä,
ettei männyksi ole kasvanut.
Ei vaivaiskoivu olisi kaunis männyn kaarnalla.

Äläkä sinä vaivaiskoivu, kadehdi appelsiinipuun satoa.
Ei koivusi oksat, jaksaisi sitä hellettä ja kuumuutta mitä
appelsiinipuun on siedettävä.
Kasvattaakseen muhkeat hedelmät oksilleen.
Ei kahta eri lajiketta voi toisiinsa verrata,
saati kahta ihmistä .

Runon Osa 2

Synneistä suurin, olisi vaatia omenapuuta
tekemään kirsikkapuun hedelmät ja kukinnot.

Joten ethän tallaa sitä versoa,
minkä ystävässäsi näet versovan.

Ja sinä ihminen
joka huomaat, että versosi koitetaan tallata.
Näin koittaen tuhota se miksi olet kasvanut tai
kasvamassa.

Muista
voi ihminen aina ympäristönsä ja ystävänsä vaihtaa.
Vain puut joutuu juurtumaan siihen mihin, siemen
tipahtaa.

Sellin ovet aukesi
Tulit avojaloin kesään

Oveni sinulle varovasti raotin
Tulit varmoin askelin syliini

Toisistamme juopuneina
Makoilimme lempemme rypistämillä lakanoilla
Mutustelen sanaa Me

Syysviima ujelsi, pakottaen sinut
takaisin selliisi.
Aroin askelin,
Sydämeni ujutin taskuusi.

Huomaatko se on minun sydän
Mikä siellä sykkii kanssasi.

Päättäväisin askelin,
Sielu vapisten kaipuuta
Odotan uuttaa kesää
Ja sinua

Ollakseni taas Me

Mistä tulit mieleeni taas

Tuuletko sinut kuljetti

Ja korvaan kuiskutti

Täällä olen, ethän unhoita.

Miten siis sinut unohtaisin.

Unohdus Tehtävä mahdoton,

ehkäpä paluu tuulet sen korvaasi kuiskuttaa

Ja hetken olemme siis yhtä

kohdassa jossa tuulet toisiaan

koskettaa

Tunnetko siis lämpimän

henkäisyn ohi viiman.

Ohi kaltereitten kolkkojen Se

on suudelmani,

se saapui luoksesi.

Ja hetken olemme siis yhtä,

kohdassa jossa tuulet toisiaan

koskettaa

Siinä olemme Me

Miten tuuli muokkaa

luontoa Niin elämä

ihmistä

Myrskytuuli oksia maahan viskoo Ja suvituuli

ruohonkortta hellästi taittaa.

Niin myös elämä painaa jäljet ihmiseen. Elämän

suolaiset hetket, saa askeleitten astumisen

joskus painavaksi, sekä selän kumaraksi Elämän

makean makoiset hetket saa taasen askeleet

tanssimaan kohti pilviä. Kuin höyhenkeveät

höyhenet,

lentää tuulessa kohti taivasta ;

Aivan kuin tanssien huutaen - Täältä tulen Elämä !

*Näistä kaikista elämän tuulien lahjoittamista
hetkistä, ole kiitollinen.*

Ilman suvi - ja myrskytuulien

Et olisi sinä, niin kuin olet.

Niin kuin ei olisi se sileäkivi luodolla,

tullut siksi mitä on, ilman veden aaltoja. Eli mitä

ihminen olisi, ilman näitä kaikkia hetkiä ja elämän

jälkiä.

Mitä osaa naururypyksi kutsutaan.

Naururypyt on se suojaava kaarna

Mikä mäntyäkin suojaa.Ei tuulet piekse, eikä kaada.

Se on loppu nyt sanon.

Mutta tuo kirotun

Tarot-pakka

Sanoo ;

Että tulet.

Ja voitat tämän sodan.

Ja kohta olemme taas

raukeina rinnakkain.

Kuin kaksi lehmänvasikkaa

ternimaidon jälkeen

kuulaassa

Juhannus yössä.

Temmo kaapin ovia

Kaiva laatikoita

Paperit plaraa

Banaanilaatikot kaupasta varaa

Nyt on hetki

Se suuri hetki

Heittää vanha kuona

Rakkaat asiat pakata mukaan

Puhtaalta pöydältä aloittaa

Ja vanhat asiat viskoa pois

Muutto ihana syy

Uudistuu ja puhdistuu

Sielukin.

Kun vanhat jätät

Ja mukaasi

Vain tärkeimmät otat.

Kiitos kirjani lukija.

Kiitos jos jaksoit kahlata kirjani läpi.

*Nämä kaikki kirjani runot on minulle hyvin
henkilökohtaisia.*

*Koska olen aivan tavallinen nainen arkeeni kuuluu
muutakin kuin rakkaus, joten huomasit varmasti runoja
myös muista aiheista.*

*Hienoa jos löysit edes yhden runon joka on sinua
kosketti tai sai sinulle hymyn huulille.*

Olen onnellinen että olen löytänyt rakkauden. Toki tämä rakkaussuhde

saattoi minut myös peilin eteen miettimään mikä elämässä on tärkeää ja mikä ei.

Kiitos rakkauden kohteelleni että hän on tullut elämääni, hän on monien runojeni inspiraatio.

Olen tällä hetkellä vankilaleski. Onneksi omistan ihanat ystävät, he tuovat päiviini nyt paljon valoa. Kiitos ystävilleni, joiden

mielestä rakkaus on aina onnellinen asia. Myös silloin kuin se elämässä

ylittää yhteiskuntaluokat tms.. saati kun tämä päivänsäde löysi oman menninkäisen.

Ohjeeni on siis tämä ; uskalla rakastaa ja uskalla elää.

Elämä ei aina päästä meitä helpolla, mutta se on sen väärtti.. vaikka välillä ollaan polvet ruvella.

Mitään ei myöskään saa jos ei uskalla heittäytyä.

Totuus on että sinä yksin tiedät oman elämäsi totuutesi

ja oman polkusi.

Isällä ja äidilläsi on omat ja ystävillä jokaisella aivan

oma elämäntehtävä, tai se mitä he ovat tulleet tänne

oppimaan, se voi erota täysin sinun elämäntehtävästäsi.

Siksi on tärkeää aina kuulla omaa sydämen ääntä !

On vain yksi sinä ja yksi sinun elämä !

Tämän viisauden opin omalta

opettajaltani kun opiskelin

Reiki 1 ja Reiki 2 -opinnot kuluneena talvena.

Kiitos myös viisaista sanoista hänelle !

Näihin sanoihin <3.lla Iines

Moi Kulta

Paljon olen ajatellut sinua ja ikävöinyt.

Olen nyt asian kanssa sujut että osoitteesi on nyt siellä.

Olen myös päätökseni tehnyt että sinua odotan

Ja meidän yhteistä arkea kun se hetki koittaa, että olet vapaa mies.

Olet mies jota rakastan, ja kun sinut kohtasin tiesin että olet se kaivattu sielunkumppani. Se asia ei ole muuttunut.

Menneisyydessä jotain töpeksit ja nyt siitä suoritat maksusi.

Muista että sinua odotan ja rakastan.

Aloitin tänään pitämään omaa blogi-sivua jonne voin kirjoitella ja purkaa tuntojani.

Ääntäsi ikävöin ja toivon että pääsisit soittelemaan, edes kerran viikkoon, mikäli

se on mahdollista.

Näkemistä odotan kovin myös. Toivottavasti nähdään pian <3 !!!!

Laitan tämän kirjeen nyt etanapostilla tulemaan, kun ensimmäinen kirje palautetiin takaisin.

Toivoisin pian sinulta kirjettä takaisin ! Näin ainakin sinusta kuulisin !

Maaliskuun lopulla olisi 4pv kestävä perheleiri, onkohan meillä mahdollista hakea sinne ?

Bongasin tiedot vankien omaiset- sivulta.

Olen henkisesti valmistautunnut odottamaan sinua vaikka se veisi vuosia.

Onko sinulla edelleen rakastumisen tunteet jäljellä ? Jotenkin tämä minun odottaminen sinua tuntuisi mielekkäämmältä jos menisimme kihloihin, silloin tietäisin että olet yhtä vankan päätöksen tehnyt kuin minäkin,

Harmi vain että perinteinen seurustelu ja tutustuminen tehty haastavaksi. Kirjettä odottaen

Minä

FSC
www.fsc.org
MIX
Paperi vastuul -
lisista lähteistä
Paper from
responsible sources
FSC® C105338